T0105557

El Juez se hizo Humo y Otros Cuentos

Ever B. Martínez

 www.trafford.com

North America & international
toll-free: 1 888 232 4444 (USA & Canada)
phone: 250 383 6864 ♦ fax: 812 355 4082

PROLOGO

El Juez se hizo Humo y Otros cuentos es la primera obra del escritor hondureño Ever B. Martínez en la cual se pueden apreciar acontecimientos y experiencias ocurridas en El Recodo, nombre ficticio de un pueblo al oriente de Honduras donde vivió por un tiempo.

El presente libro consta de cinco cuentos y un monólogo. El titulo de esta obra se desprende del cuento principal llamado **"El Juez se hizo Humo"** que relata la historia de un juez de uno de esos pueblos rurales de Honduras donde la justicia de los tribunales compite a muerte contra la justicia de la pólvora y el gatillo. Un pueblo peligroso.

El Juez Atilano Santillana, honrado y cabal como era no permitía que nadie le sobornara y se había vuelto un estorbo para los forajidos y sicarios de la región por lo que fue necesario un complot para eliminarlo no obstante de manera misteriosa el Juez Santillana empieza a tener presentimientos que le obligan a permanecer alerta en todo momento hasta que llega el día de señalado para la ejecución del plan.

El Juez se hizo Humo y Otros Cuentos es un libro cargado de aventuras, emociones y sentimientos. Es un libro que envuelve al lector con relatos que retratan fielmente las experiencias de la vida misma donde la suspicacia, la envidia, la traición y sobre todo el amor están presentes en cada momento.

Es un libro que usted deseara leer y después de leerlo deseara haber tenido la dicha conocer a los protagonistas de las historias que aquí se plasman.

Que lo disfruten.

El Autor.

AGRADECIMIENTOS

Al señor Frank Anthony Allen y su esposa Sharon por hacer posible la publicación de este libro y por brindarme su apoyo en todo momento.

A mi padre por relatarme algunas de las historias que dieron origen al contenido de esta obra y por apoyarme con su confianza.

A mi hermano que me dio su opinión y sugerencias mientras escribía las historias presentadas en este libro.

A mi esposa por apoyarme moral y económicamente durante todo el proceso de producción de esta obra. Por esas veces que tuvo que guardar silencio para propiciar el ambiente a fin de que yo pudiera concentrarme en las cosas que estaba escribiendo, por esas veces que tuvo que comer sola porque yo estaba muy ocupado anotando las ideas que me venían a la mente y también por las veces que tuvo que irse a la cama ella sola por las mismas razones.

Ever Martinez

Y sobre todas las cosas gracias a Dios por darme el talento, las oportunidades y habilidades para realizar este sueño y especialmente por rodearme de personas que activamente participaron y participan con su ayuda en cada proyecto de mi vida.

EL JUEZ SE HIZO HUMO

A mi Padre

"OH hombre, él te ha declarado lo que es bueno, y qué pide Jehová de ti: solamente hacer justicia, y amar misericordia, y humillarte ante tu Dios"

Miqueas 6:8

La tarde en que llegó a la estación de buses El Juez tuvo esa misma impresión que había terminado por ser una característica más de su personalidad. Sentía como si alguien lo estaba observando de lejos escondido detrás de alguna pared o de una puerta mientras alguien más lo seguía sin perderlo de vista.

Era una tarde serena a finales de enero, el sol empezaba a esconderse detrás del cerro azul y las gotas de sudor que corrían por las sienes del Juez le daban el toque de cansancio que en realidad sentía. Nunca se había sentido seguro cuando hacia esos viajes fuera de la región y su agitación aumentaba a medida que se acercaba a la estación pues siempre sospechaba que lo esperarían ahí para matarlo sin embargo cuando ponía un pie en la tierra se sentía muy tranquilo, su corazón dejaba de sonar como tambor y pensaba: Ya estoy aquí… Veremos qué pasa.

Esa tarde al bajar del autobús echó un vistazo alrededor y pudo comprobar que todo parecía normal excepto por la presencia de Don Transito que cuando él bajó del autobús hizo una señal a alguien que no pudo ver y supo que algo andaba mal.

Conocía muy bien a Don Transito. Sabía que venía de una aldea que estaba mucho más allá del cerro de los Laureles y verlo a esa hora ahí no le parecía normal. Sabía también que él y sus hijos eran perros de caza que vivían entre los conejos disfrazados de conejos. El juez tenía muchas razones para cuidar su espalda aunque nunca hubiera hecho ningún daño a nadie excepto aplicar la justicia con mano de hierro. Inquebrantable e inflexible, repelente a los sobornos.

No había encontrado la manera de convencer a sus hijos y a sus allegados de que aquello que sentía era real y no una percepción que se originaba en la zozobra que su trabajo como juez le proporcionaba.

Sabía que se estaba urdiendo una conspiración en su contra. Como lo había sabido nadie nunca lo supo. Cuando sus hijos le preguntaban solo decía: Yo no soy ningún dormido. En realidad era un hombre suspicaz porque cuando el cansancio y el miedo lo sometían roncaba hasta retumbar sin embargo su mente y su alma nunca descansaban. Sabía que tenía enemigos ocultos y sospechaba de personas con nombres y apellidos; muchos de los cuales eran sus correligionarios y colaboradores. Pero no podía asegurar nada en contra de nadie porque precisamente por eso no había podido convencer a nadie de sus sospechas: No tenía pruebas. Sin embargo el Juez era un hombre que prestaba atención a las miradas, los gestos y ademanes. Volteaba al derecho y al revés las palabras que escuchaba y planteaba mil hipótesis sobre cada cosa y sobre cada caso. Por eso es que muchos de los criminales más sagaces ahora estaban tras las rejas. Y era por eso que ahora el daba por hecho que mas de alguna persona le estaba poniendo una etiqueta con una cifra a su cabeza y que su fotografía andaba en las manos de los matones más buscados de la región.

Cuando se trataba de sospechosos no tenía predilección. Sospechaba de todo el mundo, sospechaba del vecino, del cuñado, del amigo, del predicador y hasta sospechaba de los hijos pero no porque ellos fueran capaces de hacerle daño sino porque no sabía que información podrían soltar en una hablada.

También tenía desconfianza del teniente aquel cuyo nombre no recordaba pues su encuentro había sido al calor de los tragos.

Su hijo mayor que estuvo presente en la cantina esa tarde de verano solo podía recordar cuando el teniente seguido de algunos soldados entro en la cantina y con voz firme mas no agresiva había pedido unos tragos. El juez que estaba cerca le dijo: Eh, Muchacho... ¿Vos que crees? ¿Porque sos teniente vas a levantar la voz? Yo fui soldado cuando los soldados eran hombres no niños de escuela.

El teniente le sostuvo la mirada pero lo ignoró cuando comprobó que estaba ebrio.

Tiempo después cuando uno de sus hijos regresó a la casa con una llanta de la bicicleta perforada por un balazo, una bala perdida quizás, supuso entonces que era obra del joven teniente. Ya contaba con un numero uno en la lista de sospechosos.

La misma tarde en que discutió con el teniente se encontraba con Ernesto Sánchez, un atortugado ganadero que cargaba pistola al cinto con cachas de marfil y que profesaba un profundo respeto y admiración por el Juez. Eran grandes amigos, miembros del mismo partido y se pasaban horas y horas conversando sobre política y actualidad y parecía no existir diferencias sociales entre ellos.

Ernesto había tomado el café de la tarde a la sombra de la casa del juez sentado en un banquito de troncos. Se había presentado en la casa del juez llevando algún obsequio el día del cumpleaños de alguno de los jóvenes Santillana aun cuando nadie de la familia recordaba que era una fecha especial para alguno de ellos. Suele suceder que las personas olviden ciertas fechas especiales como los cumpleaños pero aparentemente Ernesto no pasaba por alto los acontecimientos más significativos de la familia del Juez Atilano Santillana. Así era la amistad de estos dos hombres que en más de una ocasión Ernesto aparco su carro de lujo frente a la casa de bahareque del juez con el único propósito de saludar.

Pues la noche de ese día en que el juez discutió con el teniente por alguna cuestión de índole trivial terminaron en una incómoda conversación en la que Ernesto de alguna manera ofendió al Juez y este a su vez le enfrentó diciendo: Ustedes los ricos piensan que pueden pisotear a los pobres como si fuera un trapo viejo pero conmigo se ha equivocado, cuando quiera nos matamos pero a mí nadie me ofende de esa manera.

Cuando se le pregunto al juez sobre lo que le había dicho Ernesto contesto que mejor le hubiera puesto un tiro ahí mismo.

Teniendo en mente este episodio sospechaba de Ernesto Sánchez. Sabía que el desafío que él le había hecho esa noche no era para ignorar y según parecía Ernesto lo había tomado a mal porque nunca más volvió a la casa del Juez.

Una tarde de agosto uno de los hombres del pueblo llamado Gamaliel que de sobra había demostrado tenerle envidia pero que nunca tuvo el valor de tomar ninguna acción contra del juez llego a su casa medio borracho y como siempre cuando andaba en ese estado por cobardía empezaba a declarar un profundo cariño hacia el juez le dijo que Ernesto Sánchez lo iba a matar.

Cuando el juez le pregunto porque decía eso, Gamaliel dijo que no sabía lo que había dicho, que no sabía nada y que no le prestara atención porque andaba borracho sin embargo el juez supo llevar a Gamaliel en un sutil interrogatorio y fue así como el juez supo que en una cantina cercana Ernesto había dicho que aun no había nacido quien le desafiara y se quedara tan tranquilo.

La tarde en que el juez llego a la estación de buses nadie sabía de dónde venía pero lo habían estado esperando desde hacía algunos días. Desde esa tarde de agosto cuando Gamaliel soltó la información sobre las intenciones de Ernesto habían sucedido cosas que solo el juez con su sexto sentido había sido capaz de interpretar y sabia por ende que no solo Ernesto deseaba mandarlo a la tumba y de hecho Ernesto era el que menos motivos tenia para hacerlo sin embargo no lo borro de la lista de sospechosos. Nunca se sabía cuando el juez iba a volver de sus viajes y nunca se sabía cuando había salido. Se sabía que había salido de viaje cuando los vecinos miraban que en la casa no había nadie más que el hijo menor.

Cuando el juez entro al micro bus que lo llevaría a su aldea se sentó en el asiento del fondo que esta junto a la puerta trasera y se coloco en línea recta con el pasillo, puso las cosas que traía en su mano bajo el asiento.

Don Transito entro casi enseguida y le saludó.

Se sentó a la izquierda del juez y dijo: Tal vez cabemos aquí. El juez recordó que Don Transito era zurdo y que desde ese lado su mano izquierda tenía toda libertad de movimiento hacia a él como para sacar un arma que tal vez trajera en su costado derecho

- Cupo Pilatos en el credo – Contesto el juez con ironía.

Después de eso entro Waldo el hijo de Don Transito. Al verlo inmediatamente el juez lo reconoció como el que había estado en su juzgado dos años antes por el caso del hijo del alcalde, aquel que fue encontrado colgando de un árbol a orillas del Río Verde con un tiro en la nuca, con los ojos vendados y con las manos atadas a la espalda. Nunca se comprobó si él estaba involucrado porque los que fueron atrapados se negaron a brindar más información y misteriosamente uno a uno fue apareciendo muerto en sus celdas en la cárcel de Palma Blanca.

- ¿Ya le avisaste? – Pregunto Don Transito a su hijo

- Si, ya sabe. Quiere que se lo llevemos a la hacienda. Parece que se quiere divertir un rato o hablar con él antes.

Cuando el juez escuchó esto y vio que Waldo se sentó a su derecha terminó de armar el rompecabezas y todas las piezas iban encajando una a una.

Las cosas caen por su propio peso – Pensó.

- Me van a disculpar – Se me olvidaba que traigo una carta para Iris mi sobrina que vive aquí cerca.

- No se preocupe creo que el bus no sale aún – le dijo Don Transito, deje aquí sus cosas que nosotros se las cuidaremos.

- Me las llevo – Dijo el Juez.

En el preciso momento en que el juez se levantó, Waldo dijo que iría donde Don Toño Cepeda a comprar algunas cosas para la familia.

El juez fingió no prestar atención y siguió caminando sin voltear en línea recta en dirección al norte. La sombras que el a veces miraba disimuladamente para saber si alguien venia cerca esta vez no estaban porque el sol ya se estaba ocultando en el poniente. Cuando había caminado una cuadra una vez más su corazón empezó a brincar bruscamente y su tracateo sonaba más fuerte que sus pasos que ya habían empezado a ser más largos y apresurados. A lo lejos allá por la cordillera del Cocodrilo se oyó un retumbo ahogado: Va a llover pensó el juez. Alzó los ojos y vio un relámpago opaco.

Dobló en la esquina de Heleno y ahí se detuvo y pegándose a la pared se asomó por la orilla y como a cuatro calles vio que Waldo venia caminando sin prisa pero sin pausa y Lino Sandoval venia corriendo a toda prisa. Lino Sandoval era uno de los que habían sido capturados por los guardaespaldas del alcalde cuando encontraron muerto a su hijo pero ni siquiera fue sometido a juicio por ser menor de edad en ese tiempo pero no era desconocido que andaba en malos pasos y que por su imprudencia estaba señalado para morir joven.

Lo que todo el mundo decía se cumplió, cuando el 1 de mayo del 2007 se quiso hacer el malón asistiendo al funeral de Siríaco a quien había matado la noche anterior para robarle. Lino Sandoval había hecho muy suya la costumbre de apartar a empujones a las personas que lo rodeaban si no eran sus compinches y así lo hizo esa noche que fue a la vela de Siríaco. La misma muerte lo había llevado hasta ahí seduciéndolo con la promesa de que si asistía al funeral de propia víctima su reputación se iría al tope. Lo que no pensó fue que su presencia sería totalmente ofensiva.

La hermana menor de Siríaco que presenció su muerte en la calle de la gallera tenía los ojos irritados de llorar a su único hermano y al ver a Lino en el funeral, sacó una 45 que cargaba en la cintura y le hizo un solo disparo que le desbarató el ojo izquierdo y en su orificio de salida le destapo la parte trasera del cráneo.

Los que lo vieron caer no lo recogieron y los que vieron quien lo mató se negaron a declarar pensando quizás en proteger a la joven que ahora quedaba completamente huérfana. Lo que ninguno supuso es que ella los tenia mas puesto que cualquiera de ellos. Cuando las autoridades recogieron el cadáver ella misma le dijo al fiscal que iría a declarar al día siguiente después del entierro de su hermano.

Se cuenta que en su declaración dijo que mataría una y otra vez al que le había quitado a su único pariente. Asimismo enviaba una advertencia a quien tratara de vengar la muerte de Lino Sandoval. Cuando el Juez Rómulo Tercero le preguntó donde había aprendido a disparar con puntería ella confesó que ese era uno de los pasatiempos que tenían su hermano, Rubén Tercero y ella. Solo entonces se supo que el joven que frecuentaba la casa de Siríaco y su hermana por las noches era el hijo del Juez Rómulo Tercero porque era el novio de la chica con quien más tarde se casó y se fueron a vivir lejos en la hacienda de La Cuenca.

No la sometieron a juicio por varias razones y una de ellas es porque era menor de edad pero la gente siempre afirmó que Lino Sandoval era una molestia para la población de manera tal que su muerte había sido un favor para todos. Otros dijeron que no la encarcelaron porque Rubén había ejercido influencias sobre su padre para que no la mandaran a la cárcel y hasta hubo alguien que dijera que el Juez Rómulo Tercero había sido sobornado con una fuerte suma de dinero.

El juez que estaba huyendo era el Juez Atilano Santillana. Nunca subestimaba a nadie por lo tanto sabía que Lino era capaz de todo por ganarse una reputación entre sus amigos. Cuando lo vio venir continuó su huida tratando de llegar en verdad a la casa de Iris su sobrina. Iba casi corriendo pero cuando vio que en la calle ahí por donde la Cecilia Luján estaban los muchachos jugando pelota normalizó el paso para no levantar sospechas de que estaba huyendo. Esto le permitió encontrar una pieza más del gran rompecabezas. Cuando iba cerca escuchó que Alirio el hombre de la Cecilia le dijo a su mujer: Ahí viene, hoy si se lo echan.

- Parece que ya sabe que los están esperando – Dijo la Cecilia.

- Cállate – Dijo Alirio.

El juez saludó de manera indiferente. Estaba todavía como a 9 calles y ya había recorrido otro tanto. En un pueblo donde todos los recorridos se hacían a pie ese trayecto era de lo más habitual pero esa tarde se estaba volviendo interminable. Su cansancio había desaparecido y el hambre que llevaba se había esfumado. El olor a café que el relacionaba con la calidez de su hogar ya no estaba más en su olfato y en su lugar solo estaba un profundo olor a sangre y su único objetivo era llegar donde Iris para mandar a avisar a su hijo menor que se pusiera a salvo donde su tía Flor.

Su hijo menor tenía tres días de estarlo esperando. Solo a él le comunicaba cuando saldría, a donde iría y cuándo volvería y le había inculcado el recelo que sentía y él lo obedecía al pie de la letra sin comprender ni saber qué hacer con todas las pistas que el juez le proporcionaba así que para estar más seguro cuando el juez salía se volvía tan hermético que era un ermitaño moderno.

Mientras caminaba el juez era un zombi. Caminaba mecánicamente porque su mente iba pensando en otra cosa menos en el sentido ni la dirección de sus pasos. Desconfiaba de todos los que encontraba y sentía que todos lo quedaban viendo como sorprendidos de que aun estuviera vivo. De alguna manera llegó a pensar que todo lo que estaba sucediendo era producto de una conspiración de la cual solo él y su hijo ignoraban los detalles. Pensando en estas cosas llegó a la conclusión de que lo mejor era no llegar a dormir a su casa esa noche: Si me buscan en la casa no solo me matarán a mi sino a Fernando también. Pese a todo por una milésima de segundo se sintió tranquilo de que esto estuviera sucediendo porque desde un punto que nadie podía comprender sabia que esto era el inicio del fin de todos sus temores y las cosas serian descubiertas aunque descubrirlo significaba una encarnizada persecución que tenía su vida a unos cuantos pasos de sus verdugos.

No se dio cuenta de cuánto había caminado. Terminando esta conclusión se encontró en la casa de Iris quien al verlo le pregunto: ¿Qué haces aquí a esta hora?

- Tengo que esconderme – Dijo profundamente nervioso.

Por primera vez en su vida desde que empezó a tener estas sospechas sintió ganas de llorar y comprendió que estaba solo porque sabía que nadie estaba prevenido para defenderlo simplemente porque nadie creía sus sospechas.

Iris lo miró sorprendida y si no lo hubiera conocido bien habría creído que estaba bromeando. ¿Qué pasó? – Pregunto.

- Me vienen siguiendo para matarme – Dijo el juez.

- ¿Quién? – Preguntó Iris. Métete al cuarto y cuando te sintás mas tranquilo te vas o te vas mañana.

El juez entró al cuarto y en menos de un minuto salió. Me voy dijo, si me encuentran aquí los van a matar a ustedes también y Alfredo ni esta para que les defienda. Le pidió a su papa que fuera a prevenir a su nieto Fernando a su aldea.

Como a las 6 de la tarde cuando empezaba a oscurecer y el cielo del poniente estaba como cubierto con un manto color rojizo y en el cielo del naciente se encrespaban nubes grises y negras calculó que en menos de media hora estaría lloviendo a torrentes. A esa hora y en esas condiciones salió con rumbo a Nueva Armenia sin saber para donde iba y sin ningún plan. Mientras caminaba se acordó que en Nueva Armenia vivía el tío Fermín y pensó en pedirle que lo guiara ofreciéndole pagarle. Cuando llego donde el tío Fermín este también se sorprendió de verlo por esos rumbos muy lejos de su casa a esas horas. Cuando el juez le explico lo que sucedía y le pidió que le ayudara a salir a una calle o a un camino que lo llevara a otro lugar donde pudiera estar seguro el tío Fermín se negó a ayudarle argumentando que no podía dejar sola la tiendita que tenia y que en realidad no quería meterse en problemas.

- Véndame ese foco – le Propuso el juez.

El tío Fermín ni por joder le dejo pasar el foco. Se lo cobro como si quisiera resolver sus problemas económicos de por vida con la venta de una miserable linterna.

Desilusionado de su tío y con la certeza de haber cometido un error al contarle lo que sucedía el juez salió de ahí siguiendo el mismo rumbo que había tomado. Cuando subía una colina por un caminito entre la maleza se detuvo un rato a trazar un plan de escape. No pensaba en nada más que en su hijo Fernando que estaba en El Recodo y en sus dos hijos Sara y Dimas que estudiaban en la capital. Se acuclilló y solo entonces se dio cuenta de cuan cansado estaba porque las piernas le temblaban y sintió la lengua reseca: Tengo sed – Pensó.

En ese momento levanto la vista y vio que allá por el colegio, al costado este venia Lino con otros dos hombres y por el costado oeste venia Don Transito y Waldo y alguien más. No se levantó, aunque estaba lejos de ellos quiso tomar la precaución de no ser visto. Poniendo en práctica su entrenamiento militar subió la colina apoyándose con los codos pecho a tierra. Cuando cayó al otro lado se levantó.

Justo en ese momento se oyó un trueno como si algo se había roto y empezó a llover con gotas fuertes y pesadas que golpeaban: Se quebró el cielo – Se dijo en su mente el juez.

Por lo que vio comprendió que estaba en otra aldea y siguió caminando.

- Aquí estoy cerca de donde la Nanda – Pensó.

Hacía mucho que no la veía, mucho que no la visitaba y la única vez que la visitó no fue propiamente una visita sino que había pasado por ahí por mera coincidencia pero la alegría de verse en ese encuentro casual le dio una luz de esperanza al juez. Recordó que había crecido con la Nanda (Así le decían por abreviar el nombre de Veneranda) en su pueblito de la infancia perdido en los cerros polvorientos de las áreas rurales del sur.

Se dirigió donde ella y cuando llegó a la puerta tocó sin desesperación.

Una voz oxidada se oyó al fondo cuando pregunto: ¿Quien?

- Soy yo, Atilano – Contestó el Juez.

- ¿Qué Atilano? ¿A quien busca? – Le respondió aquella voz

- Atilano Santillana – Contestó el Juez

Cuando dijo su nombre se escuchó que alguien quitaba la tranca de la puerta. El juez estaba bajo las goteras del techo de zinc empapado hasta los zapatos. La mujer que abrió la puerta parecía de ochenta años, estaba envuelta con una raída colcha que acentuaba su decrepitud. Le hizo la misma pregunta que todos y el juez sintió un poco de lastima por aquella mujer tan anciana y por una fracción de segundo se olvido de sus problemas cuando descubrió que esa anciana era la Nanda. La imagen que tenia ante su vista distaba mucho de la de sus recuerdos.

La Nanda le invitó a pasar. El juez entró y sintió que la pieza estaba tibia por el fogón que ardía alegremente en la cocina y de una hamaca se levantó un muchacho como de 17 años y lo saludó diciéndole: Buenas noches tío. Se le había enseñado que el Juez Atilano Santillana era su tío porque era primo en tercer grado de La Nanda su madre.

El juez repitió la historia y pidió el mismo favor que le había pedido al tío Fermín. El muchacho que le había saludado se ofreció a sacarlo de la aldea al día siguiente y una sobrina de la Nanda la trajo una vieja toalla que había perdido ya su color y su textura para que se secara mientras la Nanda le buscaba ropa de su marido para que se cambiara cuando de repente escucharon que a la entrada de la aldea ladraban los perros como si quisieran devorar a alguien y entonces la Nanda dijo: Esos perros solo ladran así cuando no conocen a nadie.

- Tenés que esconderte - Le dijo Alonso el marido de la Nanda.

- Venga tío – Le dijo el muchacho y lo sacó por la puerta trasera y se internaron en una huerta que era cruzada por el camino real de la aldea. Se escondieron detrás de un matón de guineas mientras la lluvia empezaba a menguar su ímpetu y solo quedaba un leve chis.

Casi inmediatamente después de que se escondieron pasó un tropel de personas caminando de prisa. Eran seis en total. Uno de ellos llevaba terciado un AK-47, otro iba delante de él alumbrando con un foco viendo hacia el suelo como examinando el camino:

- Por aquí pasó el desgraciado – Les comentó a los demás.

- Lo tenemos cerca – Dijo otro. Debe estar cansado, ya lo vamos a alcanzar.

Todos estaban bien armados. En la penumbra el juez se dio cuenta de que todos llevaban pistolas y fusiles. A diferencia de la tarde esta vez no pudo encontrar a Don Transito entre los que acababan de pasar.

A unos treinta metros de distancia en el filo de una loma fuera de la plantación de guineos se detuvieron y uno de ellos silbó fuerte.

-	Ya no se ven los rastros – Dijo otro hombre que era corpulento.

-	Esperemos un rato – Dijo otro.

En ese momento la lluvia cesó por completo. Se acuclillaron todos y empezaron a fumar. Estaban platicando pero el juez no pudo comprender de qué hablaban pero escuchaba que se reían a carcajadas y gritaban.

En medio de este bullicio uno de los que habían permanecido en silencio les ordenó que callasen y habló fuerte diciendo:

-	Si los rastros ya no se ven, el juez está en esa huerta – Era la voz de Lino Sandoval. El juez no lo había reconocido porque traía una capa impermeable que lo hacía ver más alto y mayor.

-	- O se fue caminando sobre el pasto - Prosiguió

El corazón le dio un brinco al juez cuando escuchó esas palabras.

-	No está aquí – Dijo uno de ellos.

-	Ustedes sigan el camino que va a salir a La Barranca – Dijo el que tenía el AK-47

-	Y nosotros vamos a seguir por El Portillo.

El juez llevaba casi 10 horas sin comer y sin beber agua y la agitación del momento lo hacía desfallecer. Se dejó caer de espaldas cuando vio que se estaban alejando y así permaneció pensando en lo cerca que había estado de la muerte. De pronto se acercó una mujer anciana decrepita y se paro justo frente a él y viéndolo hacia abajo sonrió con una sonrisa que bien parecía burlona o compasiva: - Tengo sed – le dijo el juez

- Esta vez estuviste cerca – Le dijo. Si te tomas esto te harás invisible delante ellos pero no es bueno que te quedes aquí porque te seguirán buscando. Solo hay una pista que seguir – Concluyó.

Le dio un pequeño frasco y el juez se lo tomo sin decir nada y mientras lo tomaba sintió que algo viscoso le pasaba por la garganta y empezó a oír las palabras del Salmos 91:

El que habita al abrigo del Altísimo Morará bajo la sombra del Omnipotente.

Diré yo a Jehová: Esperanza mía, y castillo mío; Mi Dios, en quien confiaré.

El te librará del lazo del cazador, De la peste destructora.

Con sus plumas te cubrirá, Y debajo de sus alas estarás seguro; Escudo y adarga es su verdad.

No temerás el terror nocturno, Ni saeta que vuele de día,

Ni pestilencia que ande en oscuridad, Ni mortandad que en medio del día destruya.

Caerán a tu lado mil, Y diez mil a tu diestra; Mas a ti no llegará.

Ciertamente con tus ojos mirarás

Y verás la recompensa de los impíos…

…Después de esto no pudo oír más y vio que el muchacho que había estado escondido con él tenía un vaso en la mano. Comprendió que todo había sido un sueño sin embargo se sintió muy confiado y de alguna manera sabia que lo que había soñado era una revelación de lo alto:

- Tío, levántese, aquí le manda agua mi mama – Dijo.

- ¿Para llegar a La Pista, que camino debo seguir? – Preguntó Atilano.

Después de tomarse el agua, se despidió ahí mismo del muchacho y emprendió su camino hacia el oeste bajo un cielo negro con una luna solitaria y opaca como suele aparecer en las noches trágicas de recias tormentas.

Caminó unos pasos por el mismo sendero por donde había llegado y en cierta parte en que el camino se dividía en dos tomó el que estaba a la izquierda y empezó a caminar sintiendo como la malva mojada le empapaba la ropa y los zapatos y con un espíritu renovado y su cuerpo descansado sentía como si la mano de Dios lo estuviera guiando. Muy en el fondo creía estar siguiendo instrucciones de una fuente confiable así que por esa razón siguió el camino rumbo a la antigua pista de aterrizaje pensando en las palabras del sueño: *Solo hay una pista que seguir.*

Aproximadamente media hora después, sin prisa ni temores se encontró solo dando vueltas en medio de un claro en los pastizales y sintió bajo sus pies el suelo duro, como concreto: Estoy en la pista – Pensó.

Siguió caminando en dirección al oeste desde la pista hasta que una vez más llegó a un punto en el que debía tomar una decisión. Decidió seguir su camino hacia el sur pero al llegar a la orilla del Río Verde alumbró con su foco al otro lado y vio el mojón de la línea divisoria y fue así como se dio cuenta de que al otro lado estaba la aldea de Las Alicias y que después de eso estaba El Recodo: He caminado rodeando todo el casco urbano del municipio pensó.

Alarmado, pensando que quizás había perdido el tiempo consultó la hora en su reloj y vio que era la una de la madrugada y pensó en Fernando. Sintió temor y por un momento estuvo a punto de rendirse e ir a su casa para buscarlo pero un rayo de lucidez le hizo recordar que debía seguir las instrucciones que creía haber recibido en el sueño que tuvo.

De prisa se regresó arrepentido de haber encendido el foco y empezó a caminar hasta llegar a un camino de mulas y ahí decidió que lo seguiría sabiendo que ese camino llevaba a la montaña de Las Trojes y que a más de un día de camino estaba la frontera con Nicaragua.

Caminó toda la noche. En cierto punto de la montaña se metió por una brecha pensado que era un atajo porque no quería seguir el camino real y sin darse cuenta se enredó en un bejuco y solo entonces comprobó que no era un camino porque empezó a rodar por un abismo que parecía interminable y mientras rodaba tuvo la serenidad para pensar que quizás ahí si iba a morir. Esto fue poco antes del amanecer.

Había pasado más de 21 horas sin comer y solo había tomado agua una vez. Como a las ocho de la mañana se encontró con un arroyito cristalino y ahí se inclino a saciar su hambre con agua.

En ese mismo momento, todo sucio y de malhumor Lino Sandoval y sus compañeros estaban reunidos en la casa de Ernesto Sánchez dando su reporte y lo único que pudieron decir fue*: El juez se hizo humo.*

Lejos de ahí donde ellos menos se imaginaban el juez se bañó a pura agua en el arroyo y con la ropa mojada siguió su camino.

- El juez no se hizo humo – Dijo Ernesto. Va para la capital donde tiene los otros hijos, quiero que vayan a las terminales, la de Las Colinas y la de la Capital.

Unas dos horas antes muy temprano, Fernando se estaba levantando cuando de repente se paró en la puerta el abuelo. Estaba pálido y temblaba y se notaba que no había dormido en toda la noche.

- Tu papa no va a regresar, solo llegó a donde la Iris ayer pero se ha ido porque lo iban a matar – Dijo sin siquiera saludar.

Fernando comprendió porque estaba temblando y se acordó que en los últimos días Armando Marcia se la había pasado cerca de su casa e incluso había entrado a jugar barajas con sus tíos borrachos, porque lo eran aunque alegaran ser bohemios y en más de una ocasión le preguntó cuándo volvería el juez.

- ¿A usted le urge que regrese? – Pregunto Fernando dejando saber por su tono que estaba molesto por la preguntadera.

Armando no volvió a preguntar. No sabía mucho de Armando, solo lo que se rumoraba: Que era un matón a sueldo pero nadie sabía realmente de ningún trabajo que hubiera llevado a cabo. O era un asesino muy hábil que no dejaba huellas o era solo un ejemplo perfecto de lo que es el mito. Por una mala coincidencia resultaba ser el tío de la esposa de Olvin, un sobrino del juez y con esa excusa se había pasado una semana en El Recodo: Visitando a Sonia, su sobrina.

- Tu papa dijo que te fueras para el sur – Agregó el abuelo. No quiere que vayas a la capital y tampoco quiere que te vayas por Río Hondo porque quizás por ahí lo anden buscando.

Muy lejos de El Recodo, más bien cerca de la frontera el Juez no había encontrado un lugar donde sentirse seguro.

Eran casi las 9:30 de la mañana cuando oyó indistintamente el canto de un gallo y el juez sabía que estaba muy lejos como para que lo siguieran buscando así que se dirigió por el canto de aquel gallo que canto tres veces seguidas. De repente se encontró en la cornisa de una meseta y por un instante pensó que no había modo de bajar hasta aquel pequeño valle donde se veían unas pocas casas muy separadas unas de otras. Echó un vistazo alrededor buscando una vereda y cuando miró al horizonte vio el cielo muy bajo y encapotado, cubierto como de cilicio y sintió frío: Va a llover otra vez – Pensó.

Recordó que en la montaña del Tigre había una meseta semejante desde la cual se divisaba muy borrosa la aldea El Recodo y le hubiera encantado saber que aldea era esa antes de bajar.

Logró identificar a lo lejos a unos hombres que trabajaban con sus machetes en las faldas de una loma y vio un caminito que llevaba directo a una casa. Empezó a descender no por un camino sino por la sabana y se encontró con un arroyo muy pequeño que parecía un hilo transparente que avanzaba alegremente arrastrando hojas secas y podridas.

Lo cruzó y siguió caminando, bajando y subiendo pequeñas lomas hasta llegar a una casita de tierra con techo de paja. Era la misma que había visto desde la meseta. Un humo gris subía derecho mezclándose con la niebla y en el patio un niño jugaba en el suelo con unas piedras y una vara. El niño se levantó y lo miró como si nunca hubiera visto a una persona distinta a los que vivían con él en aquella casa.

El juez le preguntó con quien estaba y una mujer salió a ver con quien hablaba el niño. Era una mujer blanca, de estatura mediana y con una dentadura perfecta, tendría tal vez unos 25 años sin embargo parecía mayor y tenía la marca de una vida precaria. Su aspecto era sencillo y su apariencia acicalada a pesar de todo.

- Usted anda perdido – Le dijo. El grupo de Abdul iba por el camino de La Piedrona.

- ¿Quién? – Preguntó el juez.

- ¿No va usted para los estados? – Preguntó la mujer, refiriéndose a los Estados Unidos.

- No, a mi me asaltaron y me quitaron todo – Dijo el juez. Hace dos días que ando perdido y tengo que llegar a la frontera.

La mujer le hizo pasar y le dijo que la frontera estaba muy cerca de ahí. Le advirtió que tuviera cuidado porque era un lugar muy transitado por ilegales y contrabandistas. Después de estas advertencias se dirigió al niño diciendo: Andá a buscar a tu papá.

En menos de 10 minutos un hombre alto y delgado, joven y amable se apareció en la casa y saludó muy afectuosamente al juez y le dijo que se sintiera cómodo.

Esa mañana el juez se sentía muy tranquilo casi seguro que llegaría a la frontera al atardecer pero el hombre de la casa fue muy extenso en su conversación y su amabilidad era difícil de resistir. Insistió en que debía quedarse para almorzar y lo entretuvo platicando de los cultivos y las estaciones del año, las mejores y peores para la siembra, hablaron del clima y de los astros… Pero cuando el juez habló del "asalto" el hombre cambió su semblante, se puso de pie y después de algunos comentarios confusos y aislados salió de la casa. Como en media hora regresó muy sonriente como de costumbre y le dijo al juez que comiera y descansara. Después de eso el mismo lo acompañaría hasta cierto punto en el camino a la frontera y le aseguro que estaría a salvo.

Quienes no estaban a salvo en ese momento eran Lino y sus amigos. Habían cometido la imprudencia de tomar un atajo que cruzaba la propiedad de Mario Salazar y se estaban dando un buen faje a fuego cruzado con sus trabajadores muchos de los cuales eran ex convictos. En realidad no sabían que estaban en propiedad privada hasta que una bala le rozó la espalda Roger Laínez, el más viejo de los acompañantes de Lino y fue ahí donde inicio un tracateo que duró más de una hora.

Mario Salazar era el alcaide en la cárcel de Palma Blanca y tenia muchísimos enemigos debido a su costumbre ilegal de realizar novatadas en su prisión y con lo cual ganaba mucho dinero haciendo apuestas con los guardias o con algunos internos acaudalados y cuando perdía simplemente el ganador aparecía muerto de manera muy misteriosa y los cadáveres eran entregados con suma urgencia a sus familiares que no había tiempo para realizar una autopsia y nunca había investigaciones cuando el ganador moría asesinado. Había prolongado su estadía en el puesto por 15 años y la verdad es que no había nadie que deseara ser alcaide en Palma Blanca: Le llamaban La Casa (La Casa del Diablo). Solo Mario Salazar deseaba seguir ahí y lo hacía porque era la única manera de mantenerse a salvo, porque era su centro de operaciones desde donde controlaba el tráfico de armas y drogas en la región y donde tenía a su disposición un infinito surtido de maleantes para escoger a los más audaces y certeros para su escolta personal y a muchos de ellos les había conseguido libertad condicional para emplearlos en sus ranchos así que Lino Sandoval y su gente habían pisado la cola de la víbora y no había manera de salir de ahí con vida sino huyendo.

Como a las dos de la tarde, después de almorzar el juez se acostó en una hamaca y cerró los ojos. Rápidamente empezó a flotar en un espacio estrecho y oscuro como un tuvo en vertical y cosas y personas pasaban flotando en el aire junto a él y salida de la nada otra vez la misma anciana apareció y se detuvo en tiempo y en espacio y dejó de flotar. Esta vez la anciana le dio un reloj de oro puro y se fue caminando lentamente de retroceso sin darle la espalda. Cuando hubo caminado una distancia aproximadamente de cien metros le gritó: Colón desembarcó cuando se le acabó el mar… Toma tu tiempo Fernando.

El juez se despertó de un brinco y se puso de pie. Junto a su hamaca estaba el dueño de la casa… Lo vio tan distinto: Más joven y más fuerte pero también más rudo. Tenía una escopeta en la mano y dándole una pistola le dijo: Ya es tiempo...

La frase: Toma tu tiempo Fernando, seguía sonándole en la mente al juez y se preguntó qué estaría haciendo su hijo.

Fernando acababa de meter sus pertenencias en una mochila de viajero que era más grande que él y se había dado un baño presuroso después de almorzar. No sentía tanto miedo como ansiedad por saber que había sido del juez y en lo más profundo de su ser deseaba que los que perseguían a su papá llegaran a buscarlo a su casa para recibirlos con una escopeta que tenia detrás de la puerta y que le resultaba fácil de manejar y aunque solo la había usado una vez sentía que podía seguirla usando y más para un propósito real y necesario como poner en orden a los persecutores de su padre.

Mientras caminaban rumbo a la frontera el hombre que acompañaba al juez le pregunto quién era Fernando. Es mi hijo menor – Contestó el juez. Creo que he soñado con él esta tarde aunque no entiendo lo que soñé.

Cuando hubieron caminado una hora por un camino en el que había más de un millar de huellas de mulas el hombre le dijo al juez que a la vuelta del camino estaba la línea fronteriza y una pequeña oficina aduanera: Yo no puedo ir más allá – Le explicó cuando se despidió.

El juez le devolvió el arma y le agradeció su ayuda. El hombre se presentó como Fernando Valenzuela y se fue.

-   Fernando Valenzuela – Repitió en su mente.
    ¡¡Toma tu tiempo Fernando!!

El juez recordó las últimas palabras del sueño y entonces sintió que durante todo su recorrido hacia la frontera había sido guiado por la mano de Dios sin embargo fue en ese momento que comprendió las otras palabras del sueño porque le vinieron a la mente, solas sin ser invocadas: ¡¡Colón desembarcó cuando se le acabó el mar!!

Entendió que no estaría a salvo mientras no hubiera llegado a su destino.

Después de dejar a Roger Laínez en una casa que encontraron en el camino Lino y sus acompañantes se dividieron y dos de ellos llegaron a Las Colina, tres se había ido a la capital y los otros dos habían emprendido el camino que el juez estaba siguiendo sin embargo el juez llevaba más de 30 horas de ventaja.

La misma tarde en que el juez llegó a la frontera tenía planeado cruzar a Nicaragua pero la aduana ya había cerrado así que regresó a la placita de aquella pequeña aldea de la cual nunca supo el nombre y un niño que estaba jugando pelota en la calle le ofreció guiarlo por un paso ciego hasta el otro lado, pero uno mayor le dijo que no fuera porque lo iban a asaltar en vez de llevarlo al otro lado. El muchacho que le había advertido al juez de no cruzar lo llevó a un hospedaje con paredes de tablas y techo de Zinc.

Una vez dentro del humilde hospedaje el juez se recostó en la cama y por una milésima de segundo se sintió como en casa.

-   ¡No te movás de ahí! – Era una voz en el cuarto vecino.

Al juez le brincó el corazón imaginando que era a él que se dirigía esa voz. Se levantó muy suavemente y se acercó a la pared y por un agujero el juez vio una mujer de piel canela, pestañas largas, hombros hermosos y cabellera negra. Tenía el pelo suelto y estaba sin camisa. El sujetador, sus bragas y la cabellera suelta sobre los hombros era su única vestimenta.

Con la mirada perdida en la luna del espejo dijo: Ya me estoy volviendo vieja.

- ¿A qué hora va a venir? – Pregunto una voz de niña.

El juez miró hacia la izquierda y vio que en la cama había una niña como de ocho años. Estaba sentada sobre sus piernas entrecruzadas jugando con una muñeca. Era linda.

El juez volvió a la cama y ahí se quedó hasta las cuatro de la mañana cuando ya no pudo dormir y pensó en Fernando que aproximadamente a esa hora estaría en camino al sur.

A las nueve de la mañana, en la 0406 de la 8 Calle Norte de la Colonia Santander, Celia, una esbelta y coqueta sobrina del juez a quien apodaban la loba recibió una llamada. Era el juez llamando para que se encontraran con él al otro lado, en Nicaragua.

A las cinco de la tarde de ese día Lino Sandoval y Guillermo Solano pasaron por la casa de Fernando Valenzuela y preguntaron si habían visto pasar a su tío el Juez Atilano Santillana pero nadie sabía de él y nadie lo había visto. Otra vez Lino Sandoval se sintió confundido porque en Las Colinas y en la capital nadie había visto ni al juez ni a Fernando Santillana y empezaron a creer que quizás estaban en El Recodo por lo tanto regresaron a buscarlo en su casa pero no encontraron más que un oxidado candado guardando la entrada de la casita de bahareque y por una de las rendijas vieron que la casa estaba vacía. No tuvieron más remedio que regresar a la hacienda de Ernesto Sánchez decididos a renunciar a la búsqueda y cobrar su dinero. En el camino a la hacienda de Ernesto todos los que lo habían participado en la odisea de seguir y buscar al misterioso juez acordaron lo que le habrían de informar y lo único que tenían que decir era esto: ***El Juez se hizo humo.*** ¡Se ha desaparecido!

Lo misterio, milagroso y hasta mítico de todo es que el humo se materializó ese mismo día alrededor de las siete de la noche cuando el juez y Fernando Santillana se fundieron en un abrazo triunfal lejos de El Recodo y lejos de sus enemigos sintiéndose a salvo y listo para empezar de cero nuevamente.

LA TERCERA CARTA

Mucho se ha dicho del prodigioso Juez Atilano Santillana. Se ha oído decir que logró vencer todo obstáculo en su vida y también se ha contado que él mismo juró diciendo que solo Dios le podía quitar la vida pero que nunca se la quitaría por manos de otro mortal y las historias de la caída de cada uno de sus enemigos lo ha convertido en toda una leyenda. Muy pocos de los que hablan de él en realidad le conocieron sin embargo yo tuve la oportunidad de conocerlo; en persona. ¡Sí, yo conocí al famoso Juez Atilano Santillana!

Antes de que sus hazañas lo convirtieran en una leyenda para mí ya lo era. Había crecido viéndolo llegar usualmente cada fin de año cuando traía a sus hijos a pasar las vacaciones donde su familia aquí en San Martin, una pequeña aldea al sur de Honduras.

Por alguna razón me parecía enigmático, como si procediera de algún mundo mítico, tenía la idea que el lugar de donde el venia era un rincón alejado del mundo real asentado entre los valles mas lúgubres y misteriosos y por ende yo lo percibía a él cómo un hombre misterioso y lo más misterioso de él es que era un hombre tan normal y eso era extraño siendo que procedía de un mundo mítico, al menos para mí.

Las primeras veces que lo vi, no me atreví a hablarle y tampoco me dejaba ver. Algunas veces lo vi caminar sigilosamente tratando de no hacer ruido cuando llegaba a la casa. Otras veces lo vi sentado bajo un naranjo, siempre al mediodía, solo, con la mirada perdida , fija en la nada y lo que se me ocurría pensar es que se estaba comunicando telepáticamente con los seres de ese mundo mítico en el cual él era el Juez Superior. Yo sabía que era un juez y la idea que yo tenía de los jueces era que impartían leyes entre los súbditos del rey, un rey que se sentaba en un gran trono de oro que había dentro de un castillo tan elevado que llegaba hasta las nubes del cielo y este castillo estaba al filo de un risco pedregoso que descendía hasta las olas embravecidas del océano. Quizás todas estas ideas las había sacado de las fábulas y los cómics pero en la primavera de 1997 cuando supe que el juez había venido para quedarse di por sentado que había sido desterrado de aquel mundo mítico y hubiera dado lo que fuera por saber los motivos de aquel destierro.

A dos días de haber llegado el juez a establecerse a San Martin vino su hijo menor a mi casa acompañado de Anselmo su primo. Eran como las once y treinta de la mañana y Anselmo que era mi amigo me llamó afuera y me dijo: Éste es mi primo.

El primo de Anselmo me miró fijo a los ojos. Fue una mirada de esas que uno nunca sabe cómo interpretar.

- Se llama Fernando Santillana – Me dijo Anselmo.

Fernando Santillana – Pensé. Nunca lo había visto, los únicos que habían venido a este lugar para las vacaciones eran Dimas y Sara sus hermanos mayores. Este parecía muy distinto a sus hermanos, tenía una actitud como si anduviera siempre pensando en algo y no era muy amistoso de primas a primera. Cuando lo conocí tendría tal vez unos trece años y era muy suspicaz.

- Queremos ir a buscar a mi tío – Dijo Anselmo. Vos conocés muy bien el barrio Santa Rita y queremos que no lleves ahí.

Ese mismo día me enteré de que el juez había ido a buscar a una señora que tenía fama de adivina con el propósito de saber quienes le querían matar allá en el Recodo así que fue de esta manera como supe que el destierro del juez en realidad había sido una huida y con el tiempo llegué a comprender que el mito de El Recodo era más bien una amarga realidad donde la envidia y la traición eran el pan de cada día.

Mientras íbamos por el camino Fernando Santillana me dijo de forma muy enérgica que caminara junto a ellos o que me fuera adelante pero no quería que me quedara atrás. Todo esto en realidad me parecía muy raro y estaba empezando a caerme mal el tal Fernando Santillana. No entendía bien ni siquiera porque teníamos que ir a buscar a una persona mayor y sobre todo no entendía que la actitud de Fernando era de desconfianza.

En cierto lugar me preguntó por mi nombre y de donde era procedente mi familia. Yo no sabía en ese entonces los orígenes de mi familia pero le dije que mi nombre era Ariel González.

El juez tenía dos días de estar en el sur y según me dijo Anselmo no había salido del cuarto en todo ese tiempo y que cuando alguien llegaba a la casa antes de dejarle entrar había que ir al cuarto a informarle quien era y si era o no de confianza. No se permitía la visita de vendedores ambulantes y los sábados estaba prohibido que los Testigos de Jehová llegaran, simplemente se les negaba la entrada y se les despedía.

Aparentemente el juez se estaba volviendo paranoico. Anselmo me contó que a veces él se levantaba por las noches y miraba al juez sentado en la penumbra cerca de la puerta con una revolver calibre 32 en la mano y había dejado de fumar para que la brasa no le delatara en la oscuridad. Las únicas veces que salía del cuarto era cuando hacía sus necesidades fisiológicas o cuando se bañaba y ambas cosas las hacía por la noche generalmente cuando los vecinos se habían ido a la cama. De modo que se mantenía despierto por la noche y dormía en el día bajo la vigilancia de cualquiera de sus familiares. Sus sueños no eran profundos.

Estas cosas me estaba contando Anselmo cuando Fernando le puso una mano en el hombro y entonces guardó silencio.

Llegando a la esquina de Rosa Centeno un grupo de hombres, algunos muy jóvenes, todos vestidos con pantalones muy amplios se levantaron cuando vieron que nos aproximábamos y uno de ellos me llamo por mi nombre. Tenía tatuado en el pecho a un hombre detrás de unos barrotes como los de la cárcel y en el pecho del hombre del tatuaje el rostro de una mujer muy bonita y con letras góticas un letrero que decía: Alicia.

Era mi hermano mayor, le decían el Duque, pertenecía a una de las pandillas más peligrosas del barrio Santa Rita y era pensando en esto que Anselmo me había pedido que les acompañara a buscar al Juez. Sabía que nadie de la pandilla podría molestarles si iban conmigo.

Cuando le preguntamos si había visto pasar al Juez nos dijo que había pasado una hora antes y nos indico donde estaba porque en realidad ninguno de nosotros sabíamos dónde buscarlo. Según las instrucciones de mi hermano debíamos ir donde Doña Sofía cuya casa estaba bajando la pendiente por el río Simpalé.

Bajando por una curva del camino entre la reverberación del calor sobre el asfalto pude ver a un hombre muy delgado y desgastado, las ropas le volaban con el viento y en realidad no podía creer que fuera el juez Atilano Santilla. Estaba demacrado, caminaba como si una pena muy grande le agobiara y parecía como si se sintiera muy solo.

Cuando nos vio no dijo nada, nos encontró y no se detuvo. Siguió su camino como si no nos hubiera visto, parecía como perdido. Anselmo se quedó mirando a Fernando que estaba pálido observando al juez. Seguramente Fernando estaba pensando que se le había revelado algo desconocido a su padre.

Empezamos a caminar de regreso siguiendo los pasos del juez cuando de repente se detuvo y dijo: Tengo que volver.

En menos de tres minutos estábamos donde la pitonisa. Anselmo me había dicho que no debía ver a los ojos a Doña Sofía porque tenía los poderes de la medusa y que si la miraba me convertiría en piedra así que en todo momento evite su mirada pero me quedé sorprendido cuando vi que Fernando Santillana la estaba observando sin recibir ningún daño.

Sacando valor de donde no lo tenía levanté la mirada para encontrarme con una mujer que me pareció la mujer más bella que yo jamás hubiera visto, se parecía a una princesa guerrera de las que solo había conocido en los cómics. Era morena acanelada, ojos color miel, su cuerpo era perfecto y su cabellera negra con rizos sutiles que le daban el aspecto de una diosa de la mitología griega. Vestía un traje rojo, de faldas largas. En realidad lo más impresionante de su indumentaria era un precioso y llamativo sari de seda fina que realzaba su belleza y la hacían parecer a mis ojos toda una belleza hindú.

Tenía en sus manos un juego de cartas astrológicas que manejaba con asombrosa maestría y seductiva cadencia.

- Este es el Emperador – Le dijo al Juez

¡Qué voz tan arrulladora! Su voz dulcísima como la de la flauta. Hasta este punto no había escuchado su voz pero bastaba con estas cuatro palabras que había pronunciado para completar el encanto que me estaba aprisionando.

- ¿Qué significa? – Preguntó el Juez

- Significa un adversario de mucho poder, puede ser alguien muy rico o muy despiadado.

- Aquí está el Ermitaño – Dijo otra vez Doña Sofía, dejando caer una carta sobre la mesita entre ella y el Juez. Ése es usted, una persona alejada del mundo, muy retraído y también representa enemigos ocultos.

El juez se levantó y le dijo a Doña Sofía que no le estaba diciendo nada desconocido para él y que le pagaría lo que costaba su tiempo pero que no le estaba dando ninguna información. Parecía molesto. Doña Sofía se levantó y con su voz tan dulce le dijo que tuviera paciencia.

El juez se sentó nuevamente. Doña Sofía parecía tener un don de persuasión.

- Estas dos primeras cartas están invertidas – Dijo la Señora. Aun falta una más para llegar a una conclusión por lo menos – Agregó.

- Tírela – Dijo El juez un poco molesto pero con un notable esfuerzo por sonar tranquilo.

La siguiente carta solo puede ser La Muerte o La Estrella. Las otras y cualquiera puede ser interpretada de dos maneras porque también hay un significado invertido.

Hasta ese momento el juez que parecía no haber advertido nuestra presencia se volteó hacia Fernando, le susurro algo al oído y después dijo: La suerte está escrita, las cartas solo la revelan.

- Yo no creo en nada de eso – Dijo Fernando mientras le sostenía la mirada a Doña Sofía.

Yo me quede helado al escuchar esa tremenda barbaridad proferida por la boca blasfema de Fernando y sentí como si estuviera aproximándome a una destrucción. Vi como Fernando empezaba a convertirse en una estatua de piedra y temí también por mí… Sin embargo el encanto de Doña Sofía me trajo de vuelta a la realidad y su única respuesta para Fernando fue echarle una sonrisa coqueta cerrándole un ojo con mucha gracia.

- No temas Fernando – Le dijo

El juez se levantó y nos llamo a una esquina y nos dijo. Según esta señora la tercera carta es concluyente así que les pido por favor que sea lo que sea no le digan a nadie que estuvimos aquí y que no le digan a nadie cual era la tercera carta. Yo le dije que no se preocupara por mí y todos le aseguramos que sería nuestro secreto.

El juez dijo que si la tercera carta era la muerte, eso no le sorprendería pero que sí le asustaba y después de esto se llevo a Fernando aparte y hablaron como por un minuto.

La ansiedad había empezado a crecer y yo había dejado de relacionar todo con los cómics y de una vez por todas desperté y supe que la vida era real y que yo en realidad estaba ahí viendo ya no a un ser mítico si no a un hombre real esperando el veredicto de los astros y aunque no sé si la historia de cada persona ya está escrita o se va escribiendo a medida que vivimos nuestra vida lo que estaba aconteciendo en ese momento era serio. Creo haber entendido lo que sentía el juez y en mi sentir era algo semejante a lo que experimentan los acusados en un juicio en el justo momento en que se les pide que se pongan de pie para escuchar la decisión del jurado.

Fernando se quedó en la otra esquina observando cada movimiento de su padre, parecía como si les estuviera tomando un retrato mental, como queriendo grabarlo en alguna pared de su memoria para que su recuerdo fuera indeleble y resistente a los estragos del olvido.

Justo en ese momento se oyó un disparo seguido de otro y luego otro hasta que se convirtió en un tiroteo. Pronto se oyeron las sirenas de los autos patrullas y a los pocos segundo el tiroteo cesó. El saldo de ese enfrentamiento fue la muerte de "El Pantera" y "El Dover" ambos amigos de mi hermano.

Todo se normalizó afuera pero en el interior de la casa de Doña Sofía aun prevalecía la ansiedad.

Muy serenamente el juez se sentó frente a Doña Sofía y esta le advirtió que el significado de la tercera carta seria concluyente.

Todos estuvimos atentos a cada uno de los movimientos de la mano de Doña Sofía y seguimos con la vista el curso de la carta mientras se desprendía de su mano y caía en la mesa. Yo contuve la respiración y esperaba a que se anunciara la carta pero el juez la cubrió con su mano antes de verla y nos pidió que saliéramos. Después de vernos unos a otros, todos uno a uno fuimos saliendo. Primero Anselmo, después yo y cuando iba saliendo sentí como un escalofrío recorrió mi espalda y por ultimo salió Fernando Santilla. Nos quedamos afuera a la sombra de un palo de Jícaras y allá a lo lejos vimos cuando los médicos forenses levantaban dos cuerpos enrojecidos por la sangre mientras que adentro se revelaba en acordado secreto y vedado para nosotros el destino del juez contenido en la tercera carta.

ERA LA SANGRE DE CARLOS

El recuerdo de aquella tarde se ha esfumado de la memoria de los habitantes de El Recodo y si hay alguien que aun lo recuerda serán apenas dos personas quizás: Carlos Licona y su primo Daniel. Este último no tuvo nada que ver en los acontecimientos de esa tarde ahora lejana pero ciertamente estuvo a punto de ganarse una buena tunda.

Había alguien más que sin duda lo recordó siempre mas sin embargo ya no es de este mundo. El tendría que haberlo recordado aun hasta el día de su muerte porque lo que hizo esa tarde fue una de sus primeras obras y lo hizo por cuenta propia. Era un asunto personal y el motivo siempre fue desconocido.

Esa persona era Lino Sandoval. En El Recodo nadie conocía a Lino Sandoval por su nombre porque todos le llamaban "Mazamorra". Lino Sandoval era hijo de una familia de muy escasos recursos económicos donde la irresponsabilidad empezaba a dar frutos. Nunca se supo que los hijos de esa familia fueran disciplinados cuando los demás habitantes de la aldea presentaban alguna queja por las travesuras que cometían. El padre casi nunca estaba y cuando se aparecía generalmente estaba ebrio. Aun así éste tenía vida social y colaboraba en los trabajos comunales; lo necesario para no perder su condición de socio en la Cooperativa.

La mamá era una acelerada mujer de mediana edad, no obstante tenía el aspecto de una anciana producto de la mala alimentación y los problemas familiares. Pese a todo habían sido bendecidos con tres hijos que eran el honor de la familia y se habían ganado a pulso la admiración y la confianza de las personas.

Después de estos tres estaba Lino Sandoval. Para ese tiempo Lino Sandoval tenia a lo sumo unos trece años. Era muy atractivo físicamente, alto y delgado, de tez clara y músculos firmes, tenía ojos café y una dentadura perfecta, tenía además una personalidad agradable que fácilmente lograba envolver a las personas en un manto de confianza. Era muy inteligente y servicial. Es necesario admitir que muchos de los jovencitos de su edad le tenían envidia porque las niñas más de una vez lo prefirieron a él. Habían otros tres hermanos eran menores de Lino y no destacaron tanto en sus vidas ni para bien como los primeros ni para mal como Lino, el del medio.

Daniel Licona era amigo de Lino Sandoval y siempre andaban juntos aunque sus ocupaciones eran distintas. Daniel asistía puntualmente a la escuela, aunque tuvieran que obligarlo sus padres que en realidad no aprobaban su amistad con Lino mas nunca se lo reprocharon. Sucedió que una mañana yendo los dos de camino al rio para nadar Lino Sandoval se detuvo frente a un matón de guineas y dijo señalando a una mancha negra:

- Le voy a pegar ahí – Sacó una navaja hechiza de su cintura. Daniel se mostró sorprendido y no comprendía porque Lino tenía que cargar una navaja sin embargo la impresión le pasó y decidió seguirle el juego.

-   No le vas a pegar – Le respondió. Obviamente tuvo que tragarse sus palabras.

El paseo al rio lo dejaron para después porque se pasaron toda la mañana sacrificando a cuchilladas aquel matón de guineas y Daniel se admiraba de la puntería de Lino Sandoval. Éste hizo una demostración de larga distancia, una demostración tirando en giro cerrado, también de media vuelta, corriendo y por ultimo y la que según dijo quería perfeccionar era tirando con los ojos cerrados. En todas sus demostraciones logró impresionar a su amigo.

Debido a la impresión de que era objeto, Daniel no fue capaz de suponer que las intenciones de Lino al practicar tanto sus tiros de navaja no podrían ser buenas para nadie. Todos sabían que Lino era amigo de lo ajeno y sabían que si no cambiaba el rumbo de su vida acabaría mal.

Alguien dijo una vez que él y Byron Gutiérrez habían participado en un robo de ganado en una hacienda allá en Rancho Quemado y aunque Daniel ignoró ese rumor más tarde llegó a pensar que si Lino Sandoval estaba robando no lo estaba aprovechando porque nunca le vio gastar dinero ni comprarse cosas nuevas. De hecho la razón por la que le habían apodado "Mazamorra" era porque cuando todos los demás adolescentes empezaban a vestirse con ropas nuevas y limpias él seguía usando harapos viejos y siempre andaba descalzo.

La tarde en mención, en que Lino Sandoval cometió su primer atentado contra alguien, su amigo Daniel venía bajando por la cuesta de Isaías cuando escuchó gritos que no lograba identificar allá abajo por el lado del campo de pelota y parecían gritos confusos y de desesperación. Nunca sospechó nada que Lino estuviera planeando pero al escuchar esa gritería tuvo miedo por su familia que vivía a un lado del campo y corrió para ver que sucedía. Siempre tenía el temor de que alguien quisiera pegarle a su hermano y aunque no era más fuerte que él siempre quería estar cerca para cuidarle porque de alguna manera era más arriesgado y por ende se creía más valiente.

Mientras iba corriendo se encontró con Lino que venía en dirección contraria a una velocidad que parecía como si hubiera visto al demonio y cuando éste vio que Daniel también venia corriendo se desvió de su camino y le gritó que no le siguiera. Esto le hizo creer a Daniel que le había hecho algo a su hermano por lo que corrió desesperadamente hasta llegar al campo.

Cosa inusual la de esa tarde. Parecía no haber nadie en el campo excepto el hermano de Lino que iba corriendo con un garrote en la mano por el mismo camino donde Daniel se lo había encontrado. Al llegar al campo, Daniel logró ver que su tía Sotera Guzmán iba a pasos largos por el otro extremo y un carro negro de doble tracción salía del campo tomando la carretera principal. Su corazón empezaba a brincar como si estuviera a punto de explotar. A penas hubo entrado al campo, salidas de la nada, porque al principio no había visto a nadie, varias personas le rodearon y le preguntaron si sabía porque Lino Sandoval lo había hecho.

Algunos gritaban que le atraparan mientras que otros decían que no sabía nada. Por el lado este del campo Daniel vio que Oscar el mayor de los hermanos de su primo Carlos venia caminando muy rápido con un rifle AK 47 en la mano y cuando le vio le jaló de una mano y le preguntó dónde estaba

Lino. Entre el tumulto de personas Daniel vio a su hermana que le tendió una mano y le rescató de las manos Oscar a quien le grito enérgicamente que él no sabía nada porque venía de la pulpería de comprar las cosas para la cena.

Daniel seguía sin entender lo que sucedía pero tuvo la lucidez suficiente para saber que le estaban involucrando en algo serio. Su hermana le tenía del brazo y mientras caminaban hacia su casa Edgardo Ríos, el hijo de ronche' perro que estaba un poco más distante le grito: ¡Lino mató a Carlos!

En ese momento recordó la mañana que se habían pasado destrozando el matón de guineas. Daniel jugando al tiro al blanco mientras Lino practicaba para acertarle a su blanco…

Nunca se supieron las razones de Lino para querer matar a Carlos pero lo que sí se sabe es que si alguna vez deseó en verdad matarlo al verlo sangrar se había asustado tanto que salió huyendo.

Cuando Edgardo informó a Daniel que Lino había matado a Carlos pensó que le estaba mintiendo para asustarle porque no miraba señales de nada, ni siquiera a Carlos pero cuando su hermana se abrió paso entre la gente tirando de su brazo Daniel tuvo que dar un brinco para no pararse en una mancha de sangre que había bañado la grama: Era la sangre de Carlos.

EL JUICIO BABILONIA

De pronto se encontró en lo que parecía ser una corte. Había un estrado, también a su derecha estaba lo que parecía ser el lugar donde se sientan los miembros del jurado. Atrás suyo estaba una sala llena de sillas para las personas que llegan a presenciar los juicio y en el frente atrás del lugar de honor, en la pared, en la parte de arriba había un gran reloj cuyas agujas avanzaban imparables a su propio ritmo y abajo del reloj un letrero con letras de oro que decía: El tiempo es ahora.

No sabía cómo había llegado hasta ahí, ni sabia porque estaba en aquel lugar y cuando empezó a reconocer que se trataba de una corte pensó cualquier cosa menos que estaba ahí para ser sometido a juicio. No recordaba ninguna infracción a ninguna ley… Podía asegurar que estaba libre de culpas sin embargo mientras esto pensaba sin darse cuenta la sala empezó a llenarse y después una voz:

Pónganse de pie todos para recibir a Su Señoría el Juez de jueces.

Un ruido indistinto, el ruido que se produce cuando una multitud se pone de pie le llegó a los oídos y con este ruido también le llegó el temor a su corazón porque se dio cuenta de que estaba justo en el lugar en que debía estar el acusado de aquel juicio. Pensó en moverse de ahí y lo intentó pero de repente la misma voz que había anunciado al Juez de Jueces habló otra vez y dijo:

Póngase de pie el acusado.

Se produjo un gran silencio que pareció ser eterno. El se quedó inmóvil en aquel lugar y miró atento a la multitud tratando de encontrar al acusado mas cuando los vio a todos se sorprendió de que todos le hicieran señas para que se pusiera pie.

-   Nuestro tiempo va de eternidad en eternidad hijo – Dijo el Juez con un dejo de paternal ironía cuando vio que el acusado vacilaba en ponerse de pie.

Con cierto temor, el acusado se puso de pie y no pudo ocultar su deseo de llorar en ese momento y apenas si pudo reprimirlo porque deseaba preguntar de que se le acusaba sin embargo antes de que preguntara una voz, la misma voz que anunció al Juez le dijo: Mira al Juez.

Hasta ese momento no le había visto pero al nomás verle sintió como que se desvanecía ante su presencia. Era un hombre alto, tenía un físico y una apariencia exquisita, rubio, sus cabellos como los rayos del sol y su semblante tierno a él le aterraba y pensó haberle visto en alguna parte pero no pudo recordar donde:

-   Diga su nombre completo, su lugar de residencia y su edad – Inquirió el Juez.

- Mi nombre es Darío Babilonia, vivo en este mundo y la edad mis días es toda mi vida – Dijo el acusado.

La misma voz que le había pedido ponerse en pie dijo: Se procederá a la lectura de los cargos que se le imputan al acusado quien a partir de este momento es el Señor Darío Babilonia, por tanto este juicio se denominara: El Juicio Babilonia.

Permaneciendo de pie Darío Babilonia no podía dar crédito a sus oídos cuando escucho la voz decir:

Se le acusa al Señor Darío Babilonia de que todos los días de su edad que es toda su vida, se ha entregado a las banalidades del alma poniendo en riesgo su salvación y la de otras personas contaminándose con la inmundicia del pecado. Amante de la perversión y abandonado voluntariamente al tibio fango de la lujuria con prácticas de adulterio, fornicación y promiscuidad las cuales resultan ofensivas al Dios Eterno.

Se le sigue este juicio al Señor Darío Babilonia para limpiar su cuerpo y su alma de los espíritus de hambre insaciable, apetito por los vicios y por abrazar cual amante la ociosidad y su incomparable pereza.

Se le acusa al Señor Darío Babilonia de ofender a su Dios y a los hijos de su Dios con sus tratos injustos. Sus pesas han sido faltas, sus pagas han sido de usura y su proceder de egoísmo.

El señor Darío Babilonia es culpable de contristar al Espíritu llenando su corazón de ira, planeando la venganza y desperdiciando sus días y sus bienes en pos de la misma y de la sangre de sus hermanos. De desacato a las voces de amonestación de los enviados del Señor pensando en su corazón que todo lo que se le predica es fábula incurriendo así en la soberbia de corazón.

También se le acusa al Señor Darío Babilonia de perturbar su paz interior y ofender al Espíritu por su constante envidia hacia los que hacen el bien, hacia los que ganan el pan con el sudor de su frente, hacia los que reciben las bendiciones de lo alto con corazones agradecidos.

Por estos cargos estamos aquí en esta honorable corte para seguirle un juicio de purificación al Señor antes mencionado y con esto concluyo la lectura de los cargos – Dijo la voz.

Darío Babilonia que seguía sin entender exactamente que estaba sucediendo se sintió aliviado cuando escuchó la voz decir que había concluido la lectura de los cargos porque según su manera de ver sabía que no podían probársele estas cosas porque si alguien sabia la verdad sobre esto era él y solo él por lo que cuando el Juez de Jueces le preguntó cómo se declaraba ante esos cargos pensó por un momento en declararse inocente sin embargo justo en ese momento un sudor frió le recorrió la espalda y sintió una vergüenza indescriptible y aquel fugaz alivio que había tenido apenas unos segundos antes se había convertido en un pavor estremecedor porque repasó mentalmente los cargos que se le imputaban y remotamente pudo recordar los días felices que pasó en el internado cuando se le impuso la tediosa tarea de aprenderse los pecados capitales y sus conceptos y solo entonces cayó en cuenta de que no estaba en una corte cualquiera sino en un juicio, semejante si es que no lo era el famoso juicio final. Sintiendo su cuerpo como si flotara en un espacio abierto y sin límites donde no existía ni el tiempo ni la materia, saboreó la pena de un condenado, percibiendo como el aire frío envolvía todo su cuerpo llegó a sentir que estaba desnudo pero no tuvo valor para comprobarlo sino que con sus ojos fijos en el vacío, mirando hacia la nada, como escrutando en su alma, comprobó que todos aquellos cargos en su contra en realidad tenían validez como para condenarlo y una vez más pensó en declararse inocente pero como si una voz le dijera ¡Recuerda! Se acordó de que en todo caso si se declaraba inocente y el jurado lo encontraba culpable le añadirían el delito de perjurio más si se declaraba culpable al momento de emitir la sentencia el Juez de jueces consideraría su declaración de culpabilidad como una muestra de su arrepentimiento y su condena seria misericordiosa.

Dos hombres vestidos de blanco entraron sonoramente por la puerta principal y sin decir una palabra avanzaron hasta ponerse al frente uno a cada lado del Juez de jueces y con voz armoniosa, aguda y delicada como la de un niño empezaron a cantar un salmos con la magnificencia de un coro celestial y las palabras que cantaban hacía eco en el alma de Darío Babilonia:

- ¿Quién subirá al monte de Jehová?
  ¿Y quién estará en su lugar santo?
  El limpio de manos y puro de corazón;
  el que no ha elevado su alma a
  cosas vanas, ni jurado con engaño – Esto cantaban
  mientras miraban a Darío Babilonia.

Los segundos pasaban, el silencio de la sala había sido interrumpido por los dos seres vestidos de blanco que ahora cantaban una exhortación, la cual no podía ser ignorada y le amargaba a Darío en lo más íntimo de su ser. Dio un paso adelante y bajó la cabeza. Los hombres que estaban cantando hicieron silencio de una vez y nuevamente se dejó oír la marcha de las agujas de aquél enorme reloj que medían el tiempo de los presentes en aquel juicio.

- Ante los cargos por los cuales se me somete a juicio yo me declaro concienzudamente culpable – Dijo Darío Babilonia casi involuntariamente, como si una fuerza sobrenatural lo hubiera controlado.

Un murmullo se escapaba de ante aquella multitud y muy pocas palabras se podían entender. Pudo escuchar cuando alguien dijo: "El Señor se complace en perdonar a los que le son humildes"

Giró un poco a su izquierda y se sintió muy triste al ver una gran multitud como si todos los habitantes de la tierra estuvieran detrás de él y empezó a llorar al ver a Dalila, la joven que más había amado en su vida y que una noche espantosa y lejana murió en un accidente provocado por su propia imprudencia al conducir irresponsablemente.

- Su castigo inicia ahora mismo – Dijo una voz. Tiene que ser lavado para que vuelva a ponerse la ropa, agregó.

Todas las voces se escuchaban como si fueran susurros.

Entendió que las cosas se manejaban de un modo distinto en ese lugar porque Dalila se acercó a él y le dio un fuerte abrazo mientras lloraba y sonreía tiernamente diciéndole que lo amaba.

Darío seguía llorando y tenía mucho miedo de ver que se encontraba solo rodeado de muchos desconocidos y los pocos conocidos que estaban ahí eran las personas a quienes más había lastimado en toda la edad de sus días que era toda su vida.

Desesperado recordando las palabras que habían anunciado que su castigo iniciaba en ese mismo momento corrió hacia el estrado, quizás buscando refugio en el Juez de jueces, pero se dio cuenta de que no estaba avanzando. Misteriosamente por más que lo intentara solo se movía en el mismo lugar. Levantó la vista y estirando la mano tratando de alcanzarlo horrorizado descubrió que el Juez de jueces se había ido y el estrado empezaba temblar como si estuviera en el epicentro de un terremoto, las paredes empezaban a rajarse y una fuerte sacudida desprendió el gigantesco reloj que estaba en la pared de enfrente el cuál al caer levantó un gran viento que terminó por derribarlo…

Después de eso, la calma llenó aquel espacio y Darío se dio cuenta de que había quedado solo pero a diferencia de antes ya no estaba en una corte sino en un banco de arena caliente semejante a un desierto sin fin.

Se quedó acostado bocarriba pensando en las cosas que acababan de suceder, sintiendo como la arena le quemaba la espalda y los latidos de su corazón aun acelerado por las emociones que acababa de experimentar. Su cuerpo todavía temblaba de frio y de miedo pero a la vez se sentía feliz porque todo había terminado sin embargo justo en ese momento escuchó la misma voz de antes que le decía: ¡Levántate, otro día ha llegado! ¡Levántate, otro día ha llegado!   ¡Levántate, otro día ha llegado!

Y despertó… Sí, despertó recordando claramente ese vívido sueño y era únicamente un sueño para él hasta que la misma voz le habló en su mente: ¡No olvides nada de esto!...

MEMORIAS DE UNA TARDE
EN EL CEMENTERIO

A la memoria Santos Ramiro González

Al sur de Honduras se encuentra la ciudad de Choluteca. Una ciudad pequeña de menos de quinientos mil habitantes, donde el congestionamiento de tráfico no existe, donde tu sales de tu casa habiéndole dicho a tu amigo que te espere en quince minutos y en quince minutos estas llegando donde te espera. Es una ciudad tranquila que desde tempranas horas de la noche está dormida y en las calles silenciosas solo se ven unos cuantos trasnochados y así, en una esquina cualquiera puedes encontrar una pareja haciendo derroche de amor pero esto no es lo usual. El calor del mediodía hace que se vea como una ciudad agitada durante el día pero el cansancio producido por el calor hace que las noches sean tranquilas. Las muertes violentas en esta ciudad son estadísticamente bajas por lo que la población adulta riñe en número con las nuevas generaciones y aunque el progreso del siglo XXI es evidente este va entrando de manera sutil…

Así es mi ciudad. Muy modesta.

Hay muchas cosas que las personas saben pero que no son conocidas por todos. Por ejemplo que los primeros habitantes, antes de la llegada de los españoles eran los Chorotegas quienes habían llegado hace muchos siglos procedentes del sur de la ciudad de México. Hay también cosas que los habitantes no saben o no han notado. Por ejemplo que esta ciudad está en el centro de un valle… una mediana extensión de tierra rodeada por cerros y la parte más alta de este valle es una colina de menos de cien metro de altura, semejante a una cúpula de catedral llamado El Cerro de los Coyotes. Hay muchos mitos sobre este cerro.

Una de las leyendas que se de oídas es que cuando estaban construyendo la pista de aterrizaje los ingenieros lo derribaron para extender el proyecto y hacer un aeropuerto sin embargo al día siguiente el cerro está intacto como si no lo hubiesen tocado el día anterior. Este cerro se encuentra fuera de la ciudad, más allá del anillo periférico, cerca de la carretera que conduce a San Marcos de Colón. De lejos parece un cerro desolado. No se ve ningún indicio de vida, ni vegetal ni animal pero otra leyenda cuenta que eso solo parece de lejos porque cuando las personas lograban llegar ahí encontraban que era muy rico en flora y fauna con senderos muy bonitos. Semejante a un jardín. Afirmaban que era un lugar muy fresco y hermoso, que se escuchaba el murmullo de aguas corriendo, como si una quebrada estuviera cerca. También se decía… y digo que se decía porque ya las nuevas generaciones no creen mucho en esas cosas... que ahí había toda clase de frutas pero que si uno entraba a ese cerro y comía de las frutas que ahí había no podría encontrar el camino de regreso y se perdería tratando de encontrar la salida de manera tal que se convertiría en un eterno errante.

La ciudad de Choluteca ha ido creciendo. Ahora cerca de ese cerro hay nuevas colonias y se ha establecido una nueva ciudad, se le llama Ciudad Nueva, la cual está formada por aquellos que fueron damnificados en distintas partes de la ciudad por el Huracán Mitch en 1998. Todo se ha ido poblando excepto los alrededores de ese enigmático cerro. Tal vez algún día el Cerro de los Coyotes pase a ser parte de una historia sin vestigios.

Siempre sobre la carretera que conduce a San Marcos de Colon, más lejos del Cerro de los Coyotes hay un cementerio. Es un cementerio pequeño pero exclusivo. Está a la orilla de la carretera sobre las faldas de una pequeña colina de aproximadamente unos 20 metros de altura.

Nos habíamos dado cita ahí un 17 de Febrero para recordar el deceso de nuestro querido amigo, hermano y padre Ramiro González. Un hombre de Dios, un hombre devoto y consagrado al servicio y cuidado de los demás, quien al morir dejó más dolientes que cualquier otro y no solo familiares precisamente. Él era el obispo de nuestra congregación.

Como a las cuatro de la tarde, cuando el sol empezaba a esconderse detrás de los cerros allá en el poniente, llegué acompañado por el Comandante Santos Cáceres y encontramos que éramos los primeros en llegar… Nos sentamos sobre el césped a recordar nuestras vivencias con Ramiro González y ambos estuvimos de acuerdo en que era un hombre admirable. En esto estábamos cuando de repente alcé los ojos y vi un maravilloso efecto de luz y color sobre nosotros. Los rayos del sol que se escapaban sobre el cerro que estaba allá lejos, muy lejos frente a nosotros, pasaban por el espacio sobre el cementerio como si fuera un techo de luz, un techo azul transparente… y esto inevitablemente me hizo pensar en la existencia de un Dios y sabía que Él, ese Dios que todo lo ve también nos estaba viendo a nosotros en ese preciso momento...

Dirigí la mirada alrededor recordando aquellas palabras que dicen:

"Y todas las cosas indican que hay un Dios, sí, aun la tierra y todo cuanto hay sobre ella, sí, y su movimiento, sí, y también todos los planetas que se mueven en su orden regular testifican que hay un Creador Supremo"

La gloria de Dios en cierto grado fue manifiesta ante mis ojos y vi aquellos cerros dorados por los rayos del sol. Los vi tan elegantes, tan firmes como cadetes y muy eternos y este pensamiento me hizo entender que esos cerros eran testigos de generaciones y generaciones. Ahí estaban cuando los Chorotegas llegaron mucho antes de la colonización española. Fueron testigos presenciales del cansancio de aquellos humildes peregrinos que bajaban de los cerros de Concepción de María para vender sus artesanías en el mercado viejo, aquel mercado que inició como un punto de reunión de los mercaderes alrededor de aquel enorme árbol que estaba en el centro de lo que ahora es el Mercado San Antonio. Esos cerros han sido testigo de las muertes que han ocurrido en esa carretera y sobre todo esos cerros durante los últimos años han sido testigos del dolor de muchos que se reúnen en ese cementerio para dar el ultimo adiós a su seres queridos.

- Testigos de muerte – Pensé.

Y mis pensamientos fueron profundizándose más y llegué a la conclusión de que el dolor de la pérdida de un ser querido no me había llegado aún. Por lo menos ahora que soy adulto.

Y tuve miedo y deseé que la muerte pasara de mí y de mi familia…

Pero luego una voz interior me hablo diciéndome que la muerte es inevitable y como si la voz viniera de uno de esos cerros levante la mirada y los vi… Aun estaban ahí… Y nuevamente la voz: "Y ahí estarán cuando todos los que han muerto se levanten para recibir al Rey de reyes quien vendrá con toda su gloria en las nubes del cielo"

Los años han pasado y la muerte ha operado en distintas partes del mundo… Diligente en su tarea y sínica en su actuar, la muerte también ha operado en mi familia pero nunca la he sentido tan cerca como en este momento en que escribo estas cosas para burlarme de ella y decirle a manera de sentencia que volveré y cuando vuelva, la creación del Eterno aún estará ahí, en el mismo orden y en el mismo lugar en que El Creador las puso en el principio. Anoche soñé que una mujer blanca, delgada y rubia, muy refinada y cortés se acercaba a mí por la espalda y me preguntaba si ya estaba listo. Siempre pensé que la muerte era un esqueleto viviente, ataviado con su característico atuendo de color negro con una filosa hoz en su mano pero dada las circunstancias me imagino que esa mujer con la que soñé anoche es la muerte… Porque no creo que a estas alturas de mi vida, con todo y mi estado de salud tan frágil, el sueño del que hablo se refiera un nuevo comienzo en los caminos del amor, y más por su pregunta tan amenazadora: ¿Estás listo?

Si fuera la muerte… que es muy probable… No parece venir en mal plan sin embargo tiene que cumplir su misión y si mi tiempo en la tierra se ha acabado su misión ha de ser llevarme de este mundo. Pero aunque ella cumpla su misión con toda cortesía es cosa que a mí no me agrada así que he escrito estas cosas para morir con la dignidad de haberme burlado de ella…Aunque sea en la víspera de mi partida.

Y pronto me iré y, cuando me vaya los cerros de que he hablado me darán su adiós silencioso pero cuando la trompeta de la que tanto se ha pregonado por todos lados como señal de la venida del hijo de Dios retumbe y amenice con su son el llamado de regreso a la vida me levantaré y esos mismos cerros me verán bostezar y despabilarme del sueño en que habré estado por tanto tiempo. Mas la muerte ya no tendrá ningún poder sin embargo yo y todos los demás habitantes de la tierra habremos vencido…

MONOLOGO DE AMOR EN EL SILECIO

(Mi Rosa no tiene Espinas)

Para Rosita, mi esposa

Mientras dormía escuché como si alguien hablara afuera en nuestra acera. Abro mis ojos pero mi cuerpo no responde, mi mente esta despierta, sospechando que alguien quiere entrar a nuestra casa y aunque quiero levantarme o preguntar quien anda ahí parece que mi cuerpo sigue durmiendo. Supongo que son las cinco de la mañana, la luz que se filtra entre el techo y la pared me lo hacen sospechar. Siento una gran calma, me siento bien estando acostado, quiero quedarme así por una semana entera: Siento que la necesito.

- Si son las cinco, o más tarde, no dispongo de mucho tiempo para quedarme acostado – Pienso dentro de mí. Ojalá no tuviera que trabajar.

Estoy pensando en esto cuando mi mente brinca a otro pensamiento y recuerdo las voces que se oían afuera pero ya no se oyen. Quizás lo he soñado… suele sucederme.

- Ojalá sea solo un sueño porque no quiero inquietarme. Merezco un descanso, y mi esposa también – Sigo pensando en silencio viendo hacia arriba, solo veo el techo. Hay una ligera fisura.

Ojalá y no se convierta en una gotera durante el invierno.

He pensado en mi esposa. A veces creo que puedo tener dos pensamientos a la vez, no sé si esto sea realmente posible o quizás sea solo mi imaginación pero la verdad es que mientras miraba la fisura en el techo también pensaba en mi esposa.

Siento el calor de su piel contra la mía y su tibia respiración se estrella en mi pecho. Mi brazo derecho está extendido en línea recta y ella lo tiene bajo su cabeza como si fuera aun almohada. No recuerdo todos los detalles de la primera vez que dormimos juntos y al pensar en el día a día siento como si hubiera pasado mucho desde que nos casamos pero el calendario marca escasamente ocho semanas.

- Solo dos meses – Sigo pensando. Cincuenta años de vida conyugal son honorables – Lo escuché en mi cabeza como si alguien hablara dentro de mí.

Dos meses comparados a cincuenta años de vida matrimonial por muy especiales que sean parecen dos pasos en un tramo de una milla.

- Nuestra meta es la eternidad – He vuelto a pensar.

Hemos vivido intensamente. Quise volverme hacia ella para decírselo pero mi cuerpo no ha respondido y tampoco mi voz. No logro decirle cuan intensos me han parecido estos dos meses cuyo inicio ya veo tan lejos, así que sigo pensando.

- ¿Será que estoy muerto? – Me asusto al pensar en esta ocurrencia pero luego me rio. Estoy loco. Para saber si estoy muerto tengo que esperar a que mi esposa despierte.

Vuelvo a pensar en ella. Ahora mi mente me ha llevado hasta aquella noche de diciembre cuando nos presentamos frente al abogado para darle seguimiento a dos años y medio de noviazgo y unir nuestras vidas en el santo orden matrimonial. Veo el salón lleno, conozco a algunos, a otros jamás había visto ni he vuelto a ver después de la boda. El salón huele a velas aromáticas y la luz blanca de la capilla le da una celestial solemnidad al evento. Todos están felices. Yo estoy contento y trato de ser optimista pero un calor me recorre el cuerpo y un sudor frio se siente bajo mi saco.

La veo entrar al salón caminando como si bailara al compás de la maestral interpretación que hace Sonia Quiroz de la gran obra Canon de Pachelbel. La veo con su elegante vestido de novia. Me parece un poco distinta, en el salón de belleza han resaltado sus rasgos y entonces me doy cuenta que aun siendo una sencilla joven latina tiene un exótico aspecto oriental. La veo tan guapa, y su fragancia es exquisita. Trato de darle una respuesta a mi olfato que me pide adivinar el elemento principal de su fragancia sin embargo ni en toda la ceremonia de la boda ni en la recepción he logrado adivinarlo. Terminé por olvidar esa exigencia de mi olfato pero ahora que lo pienso lo percibo muy claramente: Rosas, su fragancia es de rosas – Lo acabo de descubrir. Ahora que estoy solo, luchando contra mí mismo, ahora que solo mi mente esta despierta en toda la casa, he descubierto que su fragancia es de rosas.

- ¡Su nombre es Rosa! – Sonrío al pensar en que su fragancia es de rosas, como su nombre. Me parece gracioso.

Rosa, cuyo nombre casi nunca menciono, es una mujer especial. Muy joven para su personalidad, es muy madura y serena. Parece saber hacia dónde va aunque a veces el inocente optimismo de la juventud es notable en ella. Tiene derecho a soñar y yo no soy quien para arrancarle de raíz las ilusiones solo porque a mí me haya ido mal en muchas cosas. Además no le llevo la gran diferencia en edad pero mi experiencia vale unos 40 años. Total su destino no tiene porque ser exactamente como el mío. Dicen que el éxito o el fracaso de cada persona dependen en gran medida de sus decisiones y parece que ella va por buen camino.

- No porque se haya casado conmigo – Me digo a mi mismo, como si me estuviera haciendo una broma y sonrío.

El único movimiento que he logrado hacer en este largo rato que he estado despierto es mi sonrisa. Quizás estoy resucitando o quizás despertando. Cualquiera que sea el caso es bueno recuperar el movimiento:

- No quiero quedarme acostado por una semana – Pienso. Eso asusta. Sigo pensando…

Rosa se ha movido pero no ha dicho nada. Su respiración es profunda y pausada por lo que sé que aún está durmiendo.

Mi mente ha dado otro salto al pasado pero esta vez a un momento al que me ha llevado anteriormente en muchas ocasiones: A la mañana aquella cuando Leví Rivera entró en mi oficina y me encontró con los brazos cruzados sobre mi escritorio y mi frente apoyada en mis brazos, recuperándome del desvelo de la noche anterior:

-   Le tengo una chica que de seguro le va a gustar mi amigo, debe conocerla – Me ha dicho al momento que ha pegado una palmada en mi escritorio.

Escéptico como siempre no le he dado mucha importancia a su comentario pero la verdad es que su afirmación ha parecido tan sincera. Las cosas buenas de la vida rara vez son fáciles de obtener y un excelente cortejo como base de una excelente vida matrimonial no siempre será fácil pero nosotros hemos logrado sortear cada uno de los obstáculos que se nos han presentado hasta ahora. No tuvimos un excelente cortejo debido a la distancia de nuestras ciudades pero sí hemos presentado una excelente batalla contra las adversidades y he aquí ahora nuestra recompensa.

Sigo pensando y recuerdo cada una de las cosas que hemos hecho juntos y concluyo en que ella es la mejor amiga, la mejor compañera y la mejor mujer de su edad que jamás haya conocido.

-   ¿Que estas pensando? ¿Por qué sonríes? – Me estremezco cuando escucho esa pregunta y reacciono: Es Rosita que me ha hablado.

La veo y me sonríe.

-   Cielos, cada día te veo más guapa- Le he dicho.

Pensaba en nosotros y hasta ahora logro hablar. Ella sonríe con cierta incredulidad.

Ever Martinez

-   En serio – Le digo – No podía hablar ni moverme y hace un largo rato que he estado despierto y como no podía moverme ni hablar solo he pensado.

-   Es lo que te he preguntado – Me recuerda ella con esa mirada que hacen las mujeres enamoradas.

Le he contado la historia de cómo Leví me hablo de ella por primera vez y como con ello nació una fuerte amistad con Leví y con el tiempo mi gran amor por ella.

Sigo acostado pero ella está sentada en el centro de la cama con las piernas cruzadas bajo su cuerpo y al ver la gracia con que platica y la vida que sus ademanes le dan a cada palabra suya me siento muy dichoso y me atrevo a pensar que no hay nada más hermoso que empezar un día al lado de una mujer como ella. Sigo pensando en nosotros mientras hablamos pero pienso más en ella y después de meditar en todo lo que he estado pensando descubro lo que siempre he sabido pero ahora lo entiendo mejor como si fuera una revelación: Que me estoy enamorando cada día más de mi esposa.

COMENTARIOS

Las historias relacionadas con el juez Atilano Santillana aunque ficticias son esencialmente tomadas de la vida real por lo que los nombres de las personas mencionadas en ellas han sido cambiados para no revelar su identidad.

El juez Atilano Santillana (nombre ficticio) en realidad existió y fungió como juez en otra región de Honduras y no en el pueblo que se ha mencionado cuyo nombre también es ficticio.

Después de los acontecimientos que llevaron al Juez Santillana a abandonar su lugar de residencia éste se estableció en la ciudad de Comayagua donde vivió por diez años y después se fue a vivir con uno de sus hijos a Estados Unidos.

El cuento "El Juez se hizo Humo" está dedicado a mi padre por ser él quien me contó la historia original de una manera breve sin proporcionarme ningún dato sobre la época en que se desenvolvió.

"Memorias de una tarde en el Cementerio" es una historia circunstancialmente verdadera y los datos y personas mencionadas en el son completamente reales exceptuando las leyendas sobre el Cerro de los Coyotes.

"Monólogo de amor en el Silencio" fue escrito y dedicado a mi esposa con motivo del Día de San Valentín del año 2010.

Las citas de carácter espiritual mencionadas en "El Juez se hizo Humo" El Juicio Babilonia" y "Memorias de una tarde en el Cementerio" fueron tomadas de La Biblia y de El Libro de Mormón.